¿Qué es CTIAM?

EL ARTE DE CTIAM

BY THERESA EMMINIZER

Gareth Stevens
PUBLISHING

Please visit our website, www.garethstevens.com. For a free color catalog of all our high-quality books, call toll free 1-800-542-2595 or fax 1-877-542-2596.

Cataloging-in-Publication Data
Names: Emminizer, Theresa.
Title: El Arte de CTIAM / Theresa Emminizer.
Description: New York : Gareth Stevens Publishing, 2024. | Series: What is STEAM? | Includes glossary and index.
Identifiers: ISBN 9781538290965 (pbk.) | ISBN 9781538290972 (library bound) | ISBN 9781538290989 (ebook)
Subjects: LCSH: Art–Juvenile literature.
Classification: LCC N7440.E46 2023 | DDC 701–dc23

Published in 2024 by
Gareth Stevens Publishing
2544 Clinton Street
Buffalo, NY 14224

Copyright ©2024 Gareth Stevens Publishing

Designer: Leslie Taylor
Editor: Theresa Emminizer
Translator: Michelle Richau

Photo credits: Cover Poznyakov/Shutterstock.com; p. 5 Ground Picture/Shutterstock.com; p. 7 Pixel-Shot/Shutterstock.com; p. 9 Catchlight Lens/Shutterstock.com; p. 11 BearFotos/Shutterstock.com; p. 13 Anna Nass/Shutterstock.com; p. 15 4 PM production/Shutterstock.com; p. 17 ESB Professional/Shutterstock.com; p. 19 Viacheslav Nikolaenko/Shutterstock.com; p. 21 Take Photo/Shutterstock.com.

All rights reserved. No part of this book may be reproduced in any form without permission in writing from the publisher, except by a reviewer.

Printed in the United States of America

Some of the images in this book illustrate individuals who are models. The depictions do not imply actual situations or events.

CPSIA compliance information: Batch #CSGS24: For further information contact Gareth Stevens at 1-800-542-2595.

Find us on

CONTENIDO

Significado de CTIAM 4

¿Qué es el arte? 6

Las artes visuales 8

Las artes literarias y escénicas 10

Los artistas y sus herramientas 12

Las habilidades artísticas 14

¿Eres artista? 16

¡Imagínatelo! 18

Trabajo de las artes 20

Glosario 22

Más Información 23

Índice 24

Palabras en **negrita** aparecen en el glosario.

Significado de CTIAM

CTIAM significa la ciencia, la tecnología, la ingeniería, el arte, y las matemáticas. Estos temas diferentes comparten una forma común de **explorar** el mundo. CTIAM es sobre formar preguntas, pensar creativamente, y **resolver** los problemas. ¡Lee más para aprender sobre el arte de CTIAM!

¿Qué es el arte?

¡Esta es una pregunta grande con una respuesta aún más grande! El arte puede ser pintar. Puede ser la narración de cuentos. Puede ser bailar. El arte es sobre la expresión creativa. Esto significa hacer algo y compartir lo que hay en tu corazón y tu mente con el mundo.

Las artes visuales

Los tipos diferentes de arte se llaman las formas de arte. El arte que se puede ver se llama el arte visual. Las personas que pintan o dibujan se llaman artistas visuales. También incluye los fotógrafos (los artistas que toman fotos) y los arquitectos (los artistas que **diseñan** edificios).

Las artes literarias y escénicas

Los artistas literarios usan las palabras para crear, o hacer, el arte. Los poetas, escritores, y narradores son artistas literarios. Los artistas escénicos usan sus cuerpos y voces para crear el arte. Los bailarines, los músicos (las personas que tocan la música), y los actores son parte de las artes escénicas.

Los artistas y sus herramientas

No importa que forma practican, se puede llamarles artistas a todas las personas que crean arte. Los artistas usan sus **imaginaciones** para encontrar maneras nuevas de compartir sus pensamientos, sentimientos, e ideas con otros. Una buena imaginación es la herramienta más importante para un artista.

Las habilidades artísticas

Los artistas necesitan más que imaginación y talento. Necesitan **determinación**. Esto es porque, a menudo, crear el arte significa cometer errores. Los artistas deben estar listos a cometer errores y empezar de nuevo. A veces repiten este proceso hasta encontrar que les va bien.

¿Eres artista?

¿Te gusta dibujar o pintar? ¿Te gusta cantar? Quizás tocas un **instrumento**. Quizás te gusta hacer obras de teatro. Si te sientes más feliz cuando creas algo o actúas, ¡posiblemente te gustaría ser artista!

¡Imagínatelo!

No tienes que esperar hasta ser adulto para practicar el arte. ¡Puedes hacerlo inmediatamente! La mejor manera de empezar es ser **curioso** sobre el mundo que te rodea. Fortaleza tu imaginación por leer libros o crear mundos imaginarios.

Trabajo de las artes

Trabajar en las artes puede ser muy divertido. ¡Hay muchos caminos escoger! ¿Te gustaría ser artista? Hazte estas preguntas para ayudar: ¿Qué **desata** tu imaginación? ¿Qué te trae alegría?

GLOSARIO

curioso: Querer aprender o saber algo.

explorar: Buscar para determinar o encontrar nuevas cosas.

desatar: Encender o empezar.

determinación: El acto de decidir algo firmemente.

diseñar: Crear un patrón o la forma de algo.

imaginación: Un lugar en la mente donde imaginas algo o inventas ideas.

instrumento: Un objeto que se usa para hacer música.

resolver: Encontrar la respuesta.

MÁS INFORMACIÓN

LIBROS

Bradley, Doug. *Writer.* New York, NY: Rosen Publishing Company, 2023.

Owen, Ruth. *Fold Your Own Origami Jungle Animals.* New York, NY: Rosen Publishing Group, 2022.

SITIOS WEB

Niños Met
www.metmuseum.org/art/online-features/metkids/
¡Aprender sobre la historia del arte en el Museo Metropolitano de Arte!

Smithsonian
www.si.edu/Kids
Desata tu creatividad con actividades divertidas, juegos, y proyectos del Smithsonian.

Nota del editor a los educadores y padres: nuestro personal especializado ha revisado cuidadosamente estos sitios web para asegurarse de que son apropiados para los estudiantes. Muchos sitios web cambian con frecuencia, así que no podemos garantizar que su contenido futuro cumpla con nuestros estándares de calidad y valor educativo. Tengan presente que se debe supervisar cuidadosamente a los estudiantes siempre que tengan acceso al Internet.

ÍNDICE

actuar, 10, 16

artes escénicas, 10, 11

artes literarias, 10

artes visuales, 8

arquitectura, 8

bailar, 6, 10, 11

cantar, 16

dibujar, 8, 16

escribir, 10

fotografía, 8, 9

imaginación, 12, 14, 18, 20

música, 10, 16

narración, 6, 10

pintar, 6, 7, 8, 16

poesía, 10